CUERDA

A CUATRO METROS DE DISTANCIA

CUERDA

A CUATRO METROS DE DISTANCIA

CARMINA PRIETO

Valparaíso
EDICIONES

VALPARAÍSO POESÍA

Diseño de portada: Chari Nogales
www.charinogales.com @chari_nogales
Imagen de portada e collage: *Richi Rocks*
www.richirocks.com @richi_rocks

Primera edición: marzo de 2024

© De los poemas: Carmina Prieto
© De los collages: Richi Rocks

© Valparaíso Ediciones
  C/ Fray Leopoldo, 7 bajo, 18014 Granada
  www.valparaisoediciones.es

  ISBN: 978-84-10073-33-3
  Depósito Legal: GR 294-2024

  Impreso en España - *Printed in Spain*
  Gráficas Gami

CUERDA

A CUATRO METROS DE DISTANCIA

A todas las mujeres que me han arropado.
CARMINA PRIETO

Gracias a la vida,
por ayudarme a dar vida
a unos trozos de papel.
RICHI ROCKS

DAME TIEMPO

Qué ha sido del luto, de ese negro bien llevado, de ese tiempo de parón, en el que los días trascurrían entre la niebla y la incredulidad, cuando la vida seguía y el mundo continuaba funcionando tal y como venía haciéndolo pero, sin embargo, ya nada volvería a ser igual (todo seguirá siendo lo mismo, pero nada será igual).

El negro era entonces ese asa en la que agarrarse, ese pequeño detalle (que igual sólo una notaba) que hacía el "la vida sigue como si nada" un poco más llevadero. No, no todo sigue igual, yo visto de negro, es una señal, estoy de luto. ¿Por cuánto tiempo? Ni lo sé, hasta cuando sea necesario, hasta cuando me encuentre bien. Hasta que consiga despedirme con cariño y con amor; hasta que lo convierta en un recuerdo de esos bonitos a los que volver y volver.

Deberíamos recuperar vestir de negro. Luego pasaríamos al gris marengo, de ahí al gris claro y ya, por fin, cuando todo haya pasado y sea, de verdad, un recuerdo lindo, con más luces que sombras, el estallido de color, que sería algo así como un grito a la montaña, un "ya he vuelto". Así lo hizo mi abuela durante años, enlutada de pies a cabeza, llorando primero por su marido y luego, años más tarde, por una de sus hijas. Después de eso, qué puede haber peor que la muerte de un hijo, ya no hizo lutos, pero vivió un poco muerta (yo también vivo un poco muerta).

No digo yo volver a revivir a Bernarda Alba, cerrar ventanas y puertas y dejar el aire que se respira, atrapado entre las paredes de una casa, tan agobiante. Tampoco es eso. Pero, al menos yo, necesito símbolos de mi tristeza, más allá de los lloros en la cama, que me presionan el pecho, que no me dejan respirar. Necesito que sepa el mundo entero que me duelo.

Pero la sociedad quiere que esté bien lo antes posible. No ya la sociedad, que al final es un todo y es nada, sino mis amigos, mis vecinos, la camarera del bar donde me pido el vermut y el pintxo de tortilla y donde me paso horas leyendo o simplemente dejando pasar el tiempo, y hasta la cartera que viene, puntual y cada día, a traerme las cartas y echa de menos las risas de hace meses. Todos quieren que esté bien, pero yo no puedo. Bueno, puedo, podría, podré, claro; podría hacerles felices y sonreírles, reír yo también, hacer bromas, pero la mirada no se alegra así, tú y yo lo sabemos. La mirada sólo se enciende desde dentro y con el tiempo. ¿Tan incómodo es el dolor ajeno?

Dame tiempo. Me haré una camiseta con esta frase y querré que la lea todo el mundo, empezando por mí misma, que también yo siento esa prisa por volver a reír sin pena, pero no quiero tenerla (la prisa). Siento un apremio infinito que me empuja para alejarme cuanto antes de la tristeza y tan deslegitimada me siento a ella, que río histérica, sin razón ni medida, que apuro mi paso sin dirección ni rumbo, que ando dando tumbos, tan sola me siento.

El negro es mi color, a ratitos y a momentos. Elijo el negro como bandera, mientras busco el tablón al que agarrarme, la fuerza que me hará llegar a esa playa en la que me esperan mis risas y mis alegrías desmedidas, las sonrisas más tranquilas, mi Yo más feliz y mi vida que ya no será la misma. Pero será mía.

Estoy de luto, ¿no lo veis? Respetadlo. Volvamos al duelo. Por eso voy de negro. Mientras tanto, vivo del recuerdo, porque ahí... ahí todo es perfecto.

I

Eternidad,
cuéntame hasta dónde puedo llegar.

II

Ojalá tú,
ojalá yo.
Ojalá nosotros.

III

Eres un recuerdo
de los bonitos.
Pero, ¿sabes?,
eres eso:
un recuerdo.

IV

Te sueño
porque te pienso.
Te pienso
porque te tuve.
Te tuve
porque siempre te sueño.
Y ahora te sueño
porque ya no te tengo.

V

He bebido otra vez
para olvidarnos.

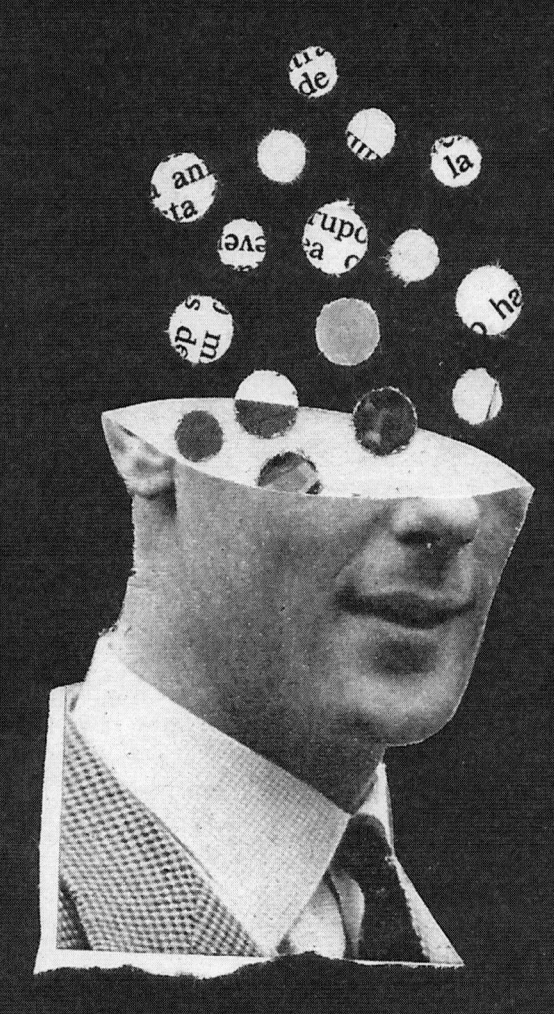

VI

Te escribo,
te sueño.
No existes.
Sólo vives en mi pensamiento.

VII

Cuando estas paredes hablen,
dirán tantas cosas
que tendremos que taparnos los oídos
para no reír,
para no llorar,
para no temblar,
para no ser felices
—y miserables—,
todo al mismo tiempo.

Cuando estas paredes hablen,
agárrate los machos,
mozuelo,
porque nada se van a callar.

Cuando estas paredes hablen,
tú ya no estarás.

VIII

Dime si es la felicidad
efímera,
momentos,
si es ilusoria,
un estado mental,
una ausencia de la realidad.

Tú que me hacías feliz,
lo sabrás.

Esas veces,
los instantes
en los que estábamos en paz,
¿era eso felicidad?

IX

No eres eterno, amor.
Sólo tu recuerdo lo es.

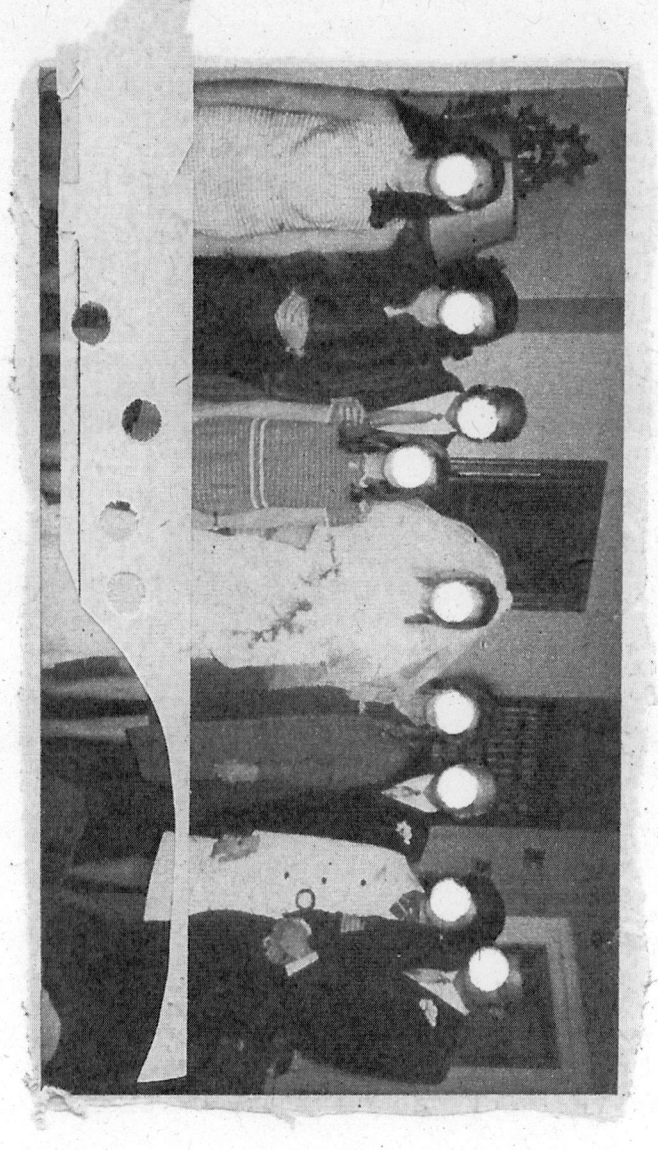

X

He mudado de piel
y te he dejado mi abrigo
por si te lo quieres poner,
cuando me eches de menos
y yo ya no viva aquí.

XI

Me pasan cosas
y no te las cuento.
Las estoy almacenando todas
para el día en el que nos volvamos a ver.
Si no llega,
no pasa nada,
tendré un libro de memorias
que leerá la gente
y, sin saber de qué se trata,
lo hará propio,
mojará los poemas
y llorará conmigo.

XII

En el metro huele a ti,
he oído tu voz en la calle,
otro hombre llevaba tu ropa puesta.
El chicle que masticabas siempre,
sigue habiendo uvas
y te imagino comiéndolas.
He pasado por la puerta de tu casa.
Pasan los días,
no voy a volver a verte.

XIII

Si yo fuera árbol,
sería de tronco grueso
y de corteza dura,
y dejaría que escribieras
tus iniciales en ella.

Eres mi amor verdadero,
pero ni grabando con la navaja
o a fuego,
puedo seguir mintiéndome,
tú no me quieres.

Esas marcas
las llevaré conmigo
para siempre.

XIV

Tiempo no es olvido;
tiempo es recuerdo,
que es mucho más bonito.

XV

Sumergida en el agua
veo todo borroso y azul,
no se oye nada,
y si el tiempo se ha parado;
o, mejor,
y si hoy es ayer,
¿estarás?
Sigo nadando,
no quiero comprobarlo,
toco (el) fondo,
juego a aguantar la respiración
y me mareo.
Por fin, saco la cabeza
y cojo aire,
el sol me ciega
y veo tu sombra,
te la debiste de dejar
cuando saliste corriendo.

XVI

No estás.
Te siento.
¿Me sientes?
Ya no.

XVII

Se difumina una historia
y se escapa por las grietas.

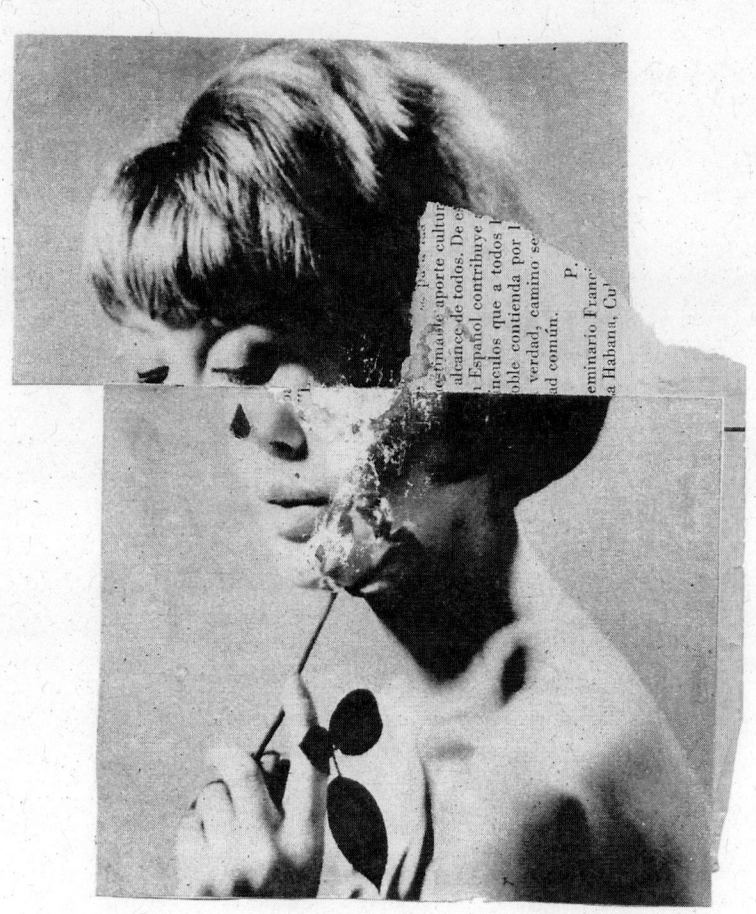

XVIII

Tengo un amor
y tengo miedo.
Tengo miedo de tu amor
y no me puedo mover.
No me puedo mover
y no sé qué hacer.

XIX

Seré polilla,
porque siempre lo he sido,
revolotearé alrededor de los otros,
y también seré feliz
buscando la luz.
Algún día,
todo estará bien.

XX

Detrás están todos,
agolpados,
enredados,
mezclados;
y no puedo abrir.

Abro,
se desborda.

Se escapan las horas
en las que te pensé;
vuelven las lágrimas
con las que te lloré;
bullen todos los pensamientos
que te he dedicado.

Abro la puerta
y los dejo salir.

XXI

Hay muchos *para siempres*
que se quedan por el camino.
Igual, entonces,
no son amores,
sino historias
de esas que contamos con los años,
cuando nos ponemos nostálgicos
con el qué pudo ser
y qué tiempos aquellos.
¡Cuántas veces fuimos perfectos...!

XXII

Sin verte,
me dueles,
casi, tanto o más.

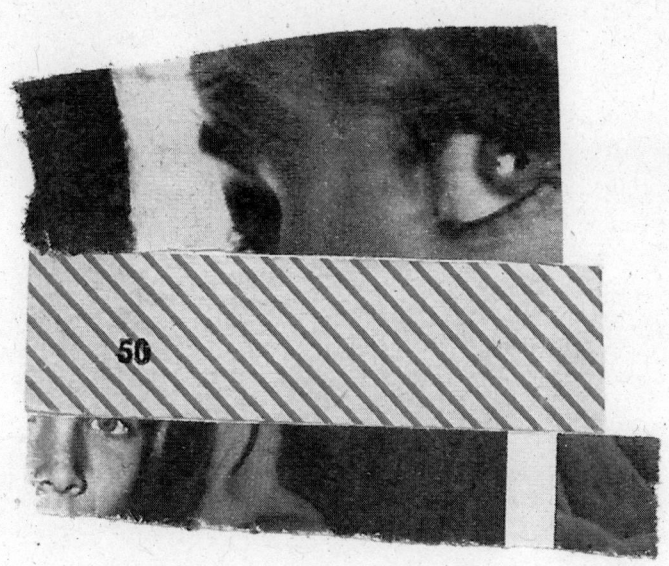

XXIII

Una palmera amarilla,
una explosión detrás de otra,
pequeñas luces sucesivas
iluminan allá donde alcanza la vista,
rompiendo la noche;
el mar parece una verbena.
El agua, violenta,
golpea los barcos
y puede que todo pare,
que vuelva el silencio
para poder pensarte.
Tra, tra, tra.
Me sube la espuma por la garganta,
me explotan las olas en los ojos,
me desbordo.

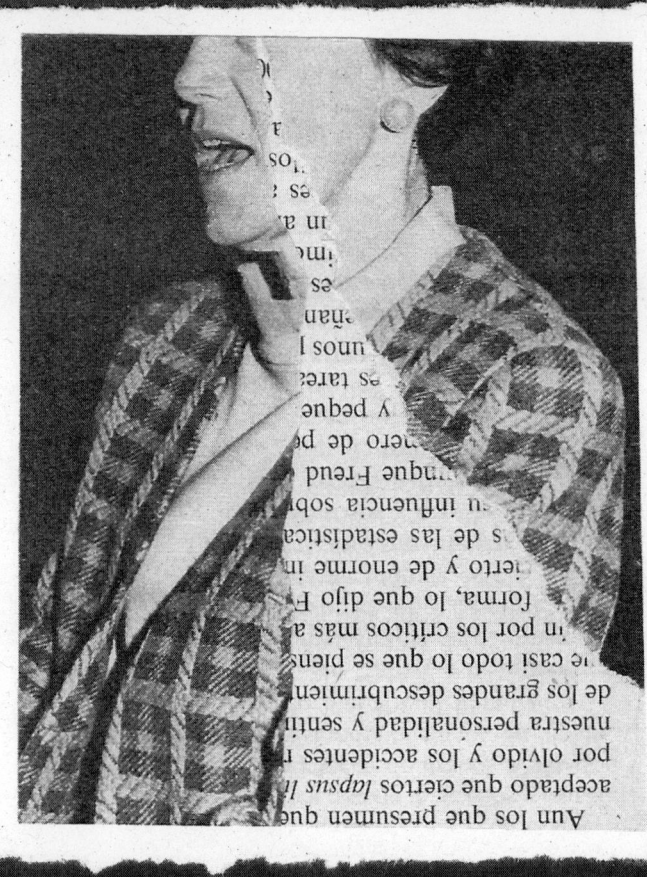

XXIV

Hablo con el espéjo del cuarto de baño
mientras me visto,
la ducha también es un buen momento
para hablar contigo.
Si pudieras oír todo lo que te digo...
Son muchas cosas:
te grito, te susurro,
te suplico,
se me escapan las lágrimas
y me tapo la cara con la toalla.
Me voy por el desagüe
quién sabe a dónde,
todo está oscuro.

XXV

Mi cuerpo ha decidido separarse de mí.
En protesta, ya no come ni duerme.
Sólo me mira.
Me mira en el espejo
y no me habla,
porque los cuerpos no hablan,
pero me dice cosas.

Me dice,
por ejemplo,
que no me quiere.

XXVI

Me gustaría que mi nudo
fuera como el de los cordones de los zapatos
y se deshiciera solo.

XXVII

Tengo coágulos de palabras sueltas
en mis venas,
ya no hay sangre en ellas,
pero siento que,
en cualquier momento,
voy a morir de una embolia
por tanta letra amontonada,
que son sentimientos no dichos.

XXVIII

Si aún tuviera sangre en mis venas,
y no palabras,
sería salada,
como el llorar,
y me saldría también por los ojos;
no haría falta herida,
mi cuerpo entero lo es.

XXIX

He vaciado el armario,
ya no hay libros en las estanterías
ni polvo en los espejos.
Tengo la basura llena de papeles
y varias cajas para guardar.
He ordenado hasta el cajón de las especias
y he descubierto algunas que no sabía que tenía.
Me he caído de la escalera
al intentar limpiar los cuadros
y me he quedado en el suelo sentada,
sin saber qué hacer.
Vuelvo a ser niña
y lloro con hipo,
me tapo con la almohada.
Cuánto va a durar esto.

XXX

Cuelgo jirones en el armario.
He roto a dentelladas todos mis vestidos,
mis camisas,
mis pantalones,
con las manos he arrancado las cremalleras,
también los botones,
y ahora sangro,
he gritado a la vez,
tengo lágrimas en la cara.
Ahora no tengo ropa,
pero no me importa,
también mi corazón está roto.

XXXI

Mis ojos ya no miran,
mi nariz ya no huele,
todo sabe igual,
oigo llover.
Soy una mujer deshabitada,
con un cuerpo que la soporta
y la aferra a la vida
por costumbre.
Eso hacen los cuerpos:
viven,
aunque ya estén muertos.

XXXII

Soy esa mujer caníbal
que se devora a sí misma,
que se arranca la carne a mordiscos
y escupe los trozos lejos,
para no encontrarlos
y que le dejen de doler.

Rajarme de arriba abajo,
si pudiera abrirme la garganta
con los dedos de la mano,
lo haría
y me extirparía el nudo
que no me deja respirar,
por el que no puedo comer,
y que hace que llore.

XXXIII

Sonríes
y dices que me entiendes,
pero eres cruel,
eres frío,
distante,
tan duro como fueron contigo,
y me haces llorar.

No me salen las palabras,
no sé qué decir,
pero tú no esperas,
ya te has dado la vuelta
para desaparecer otra vez.

Para querer como dices,
hace falta más.

XXXIV

Tengo un cuerpo
que responde a tus presencias,
que no son sólo físicas.

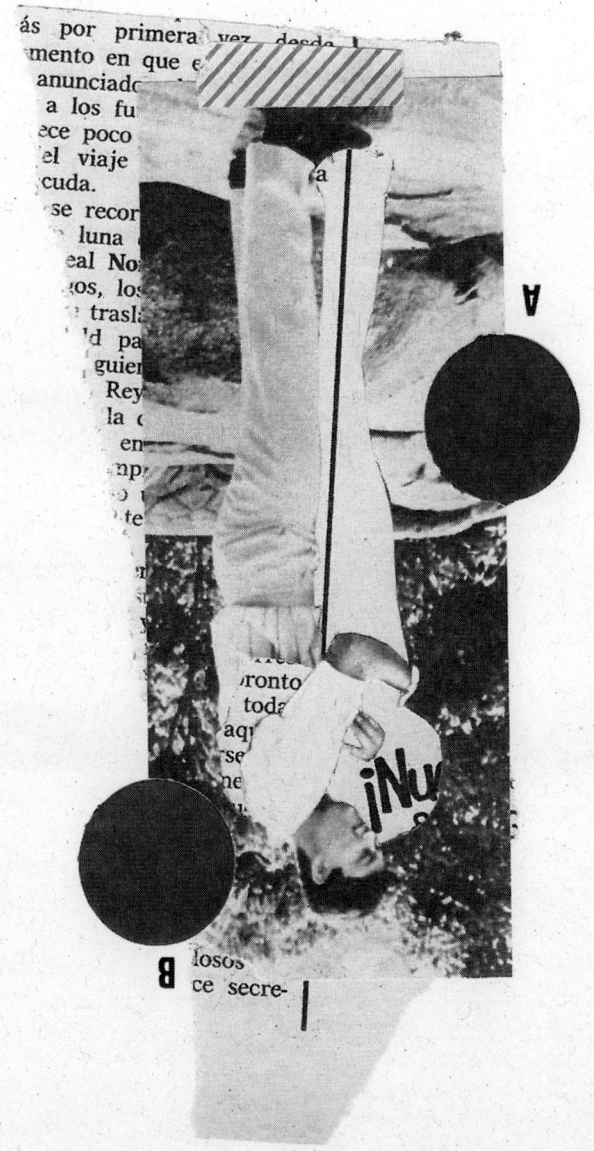

ás por primera vez desde
mento en que e
anunciado
a los fu
ece poco
el viaje
cuda.

se recor
luna
al No
os, los
trasl
'd pa
guie
Rey
la
en
mp
te

a

ronto
toda
aq
se
ne

A

B

losos
ce secre-

XXXV

Para qué un esqueleto
si no me sostiene,
por qué tengo una piel
que no me protege,
qué le pasa a mi cerebro
que se ha vuelto monotema.
Querría trasplantarme,
como se hace con las plantas,
y ponerme un abono diferente,
quién sabe,
igual mañana tengo flores en la cabeza.

XXXVI

Cuando no puedo dormir,
no me levanto;
me quedo en la cama
y soy cruel conmigo misma
hasta decir basta.
Es más mi mente,
pero, al final, somos una,
como dos gemelas,
unidas por el tronco,
que no pueden separarse.

Cuando no puedo dormir,
me quedo con los ojos abiertos
y no veo nada,
tampoco miro.
Mi mente me habla
y me hace imaginar finales
hasta que lloro
y, por fin, se calma.

Cuando no puedo dormir,
siempre estás conmigo
y no haces nada.

Hoy no puedo dormir,
probablemente,
mañana tampoco.

XXXVII

Hay cristales en el suelo,
no hay un milímetro
por donde se pueda pasar,
así que los piso con fuerza,
con la cabeza alta,
mirada al frente
y la boca entreabierta;
estoy acabada.

El rastro de sangre que dejo
lo seguirás días más tarde,
cuando me encuentres en la bañera,
pero ya estaré deshabitada.

XXXVIII

Soy invierno,
congelada toda yo,
adormecida por el frío,
ya sin sentir dolor,
casi muerta
y sin darme cuenta.

Tengo frío a todas horas

Soy invierno,
mis dedos no responden,
sueño ilusiones
y divago
mientras muero.

Siempre hace frío.

Soy invierno
porque sale humo de mi boca
porque lo que quiero decir
se congela antes de ser oído.

Cuánto dura el invierno este año,
parece eterno,
no hay brotes en mi cabeza,
sólo frío.

Tengo frío a todas horas.

XXXIX

Cuánta prisión veré,
al pasar los años,
de todo este tiempo,
qué quedará de todo lo llorado.

Tantos recuerdos
pulidos por el autoconvencimiento
de que fuiste bueno,
de que éramos perfectos.

Ni las migajas quedarán,
se las comerán los pájaros,
y no habrá manera de
volver a casa.

No hay camino,
no hay puentes,
no hay formas ni maneras,
dónde estás.

XL

Tienes un cajón
que no es nada,
en la casa de alguien
que no es nadie.
lo has llenado de bragas,
calcetines,
un cepillo de dientes,
desodorante
y esperanza.
Cada día dejas una cosa nueva,
pensando que,
con el tiempo,
ese cajón irá a más
y será armario.
Sabes,
ese cajón solía ser mío.

XLI

Desconocerte me provoca angustia;
tendremos que encontrar otro lenguaje,
una manera nueva de tocarnos,
el lugar donde no hacernos daño.

Una vida imaginada
no se borra de un plumazo.

Berlín nos esperará eternamente,
nunca llegaremos juntos,
otro cuerpo dormirá a tu derecha,
alguien llenará los cajones de tu mesilla,
¿le prometerás también amor eterno?

SUNSET - KIPA

XLII

Una mano me aprieta,
una venda me ahoga,
un recuerdo me mata
y yo, me duelo.

Cómo será cuando las pestañas ya no me pesen,
cuando deje de comer salado
y tú ya no seas mi último pensamiento del día
ni el primero de la mañana.

Cómo será no soñarte,
olvidarte, por fin,
poder dormir,
tener hambre otra vez,
volver a querer.

el criso.
usa en el
ba
rad
ta
do
C

acción
s muy oxid
lor fuerte a m
Ballena de los n
Norte, que llega
hasta treinta m
ongitud. Figura
e descuidado
lamelibra

el sacerdote
se los dedo
rado el

XLIII

Me matas con silencio
te tapas los oídos también,
ya no existo.

XLIV

En el recuento
de lo que te he dedicado,
salgo perdiendo.

Devuélveme todos esos días
en los que dejo pasar el tiempo,
también las horas lloradas,
los ratos tristes,
las ilusiones,
los poemas,
las cartas.

Y, ya que estamos,
devuélveme también mis entrañas,
para que pueda volver a rellenar mi cáscara vacía.

XLV

Me atiborro de tus recuerdos
hasta que vomito,
te escribo y me desangro a textos
hasta que ya no tengo nada más dentro de mí.
Sólo entonces,
dejo de escupir
y me quedo callada.

XLVI

Toda la oscuridad del mundo
me rodea y no me deja ver
lo que me rodea.

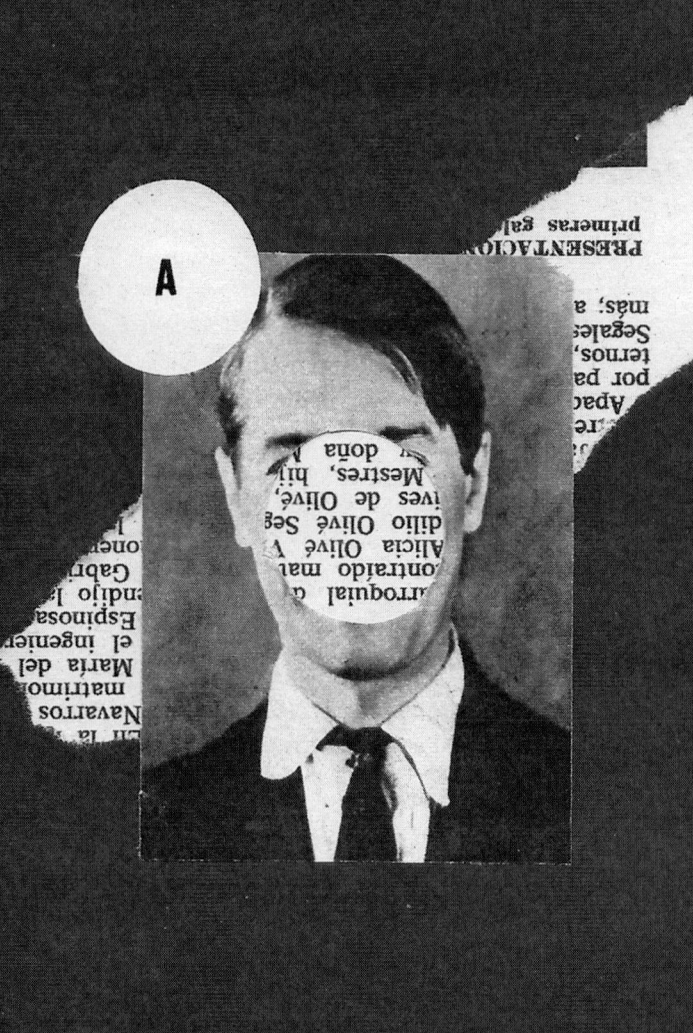

XLVII

La herida será cicatriz.

Empezaré por la ciudad,
la recorreré banco a banco,
coseré tu portal hasta cerrarlo,
haré cruceta en cada bordillo
en el que estuvimos sentados,
remataré los sobres de tus cartas con doble hilo
para no volver a abrirlas
y pondré borlas en el parque
en el lugar en el que desayunamos;
creo que aprenderé a hacer ganchillo,
para pasar por tu estación sin mirarla.

Seguiré dando puntadas
hasta que la ciudad vuelva a ser una
y sea mía,
aunque se vean las costuras
y pueda tocarlas.

XLVIII

Estoy en duelo
y nadie lo sabe,
¿puedo gritar?

Estoy en duelo
y nadie lo sabe,
¿puedo llorar?

Tu cuerpo ha dejado
dentro de mí
un agujero con su forma
y aún está caliente.

XLIX

El hijo que no tendremos
me visita cada noche
mientras duermo.

El hijo que no tendremos
lleva tu nombre
y tiene tu voz.

El hijo que no tendremos
es precioso,
tiene mi pelo,
tiene tu cara.

Le abrazo y le beso,
me coge de la mano,
vamos juntos
y nos queremos.

No tendremos ese hijo,
pero yo le sueño.

L

Ha muerto el amor.
Digamos que el amor tiene nombre
y es uno.
Digamos que el amor tiene cara
y yo la conozco.
Digamos que el amor que ha muerto
era el mío.
Digamos que yo me muero contigo.

LI

Un día te morirás.

Dentro de poco,
al cabo de mucho,
nunca.

No te mueras.

Me quedaré sola,
me sentiré abandonada,
cómo será.

LII

Estamos solas en la sala,
hace frío.
Te he tocado la mano,
la he cogido
(creo que pensaba
que ibas a abrir los ojos);
sigue tan suave,
sigues oliendo bien.
Te cuento
que yo quería que te murieras,
tú también;
cuántas veces lo buscaste,
tanto sufrimiento inhumano,
qué dolor,
el miedo en tu cara,
no me dejes.
Perdóname.

LIII

Ya no soy eterna;
ahora soy ella,
la que se duerme
y no despierta.

No vayamos a la cama,
ven,
dame la mano,
que hoy no quiero soñar
ni tener que imaginarte.

Esa muerte que no es la mía,
ese dolor que no me pertenece
y tantos recuerdos.

Ven,
vuelve.

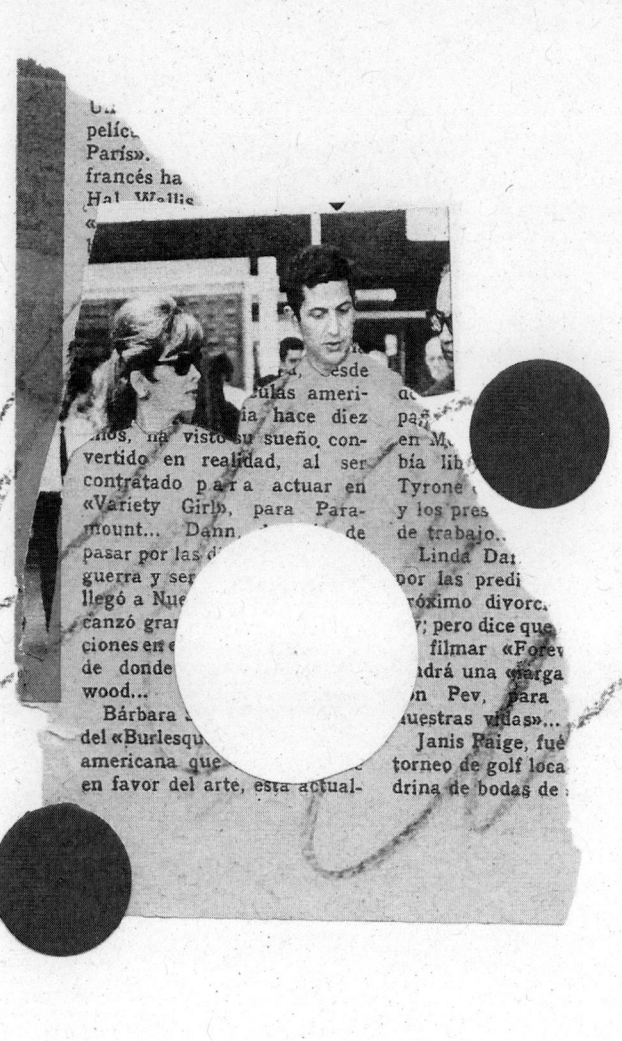

Un...
pelícu...
París».
francés ha...
Hal Wallis...

...desde
...ulas ameri-
...ía hace diez
...ños, ha visto su sueño con-
vertido en realidad, al ser
contratado para actuar en
«Variety Girl», para Para-
mount... Dann... ... de
pasar por las d...
guerra y ser...
llegó a Nue...
canzó gran...
ciones en e...
de donde...
wood...
    Bárbara ...
del «Burlesqu...
americana que...
en favor del arte, esta actual-

...ac...
...pa...
en M...
...bía lib...
Tyrone ...
y los pres...
de trabajo...
    Linda Dar...
...or las predi...
...róximo divorc...
...y; pero dice que...
...filmar «Forev...
...ndrá una carga...
...n Pev, para...
...uestras vidas»...
    Janis Paige, fué...
torneo de golf loca...
drina de bodas de ...

LIV

Tengo el corazón encogido,
mi puño lo está apretando
y lo bombea.
Eres piel y huesos,
poco pelo,
mucho diente,
tus ojos se hunden,
como se hundirá tu cuerpo
en la tumba
en la que te dejaremos.

LV

Un instante será el último,
mi cabeza le ha dado forma:
es bonito,
a veces es trágico,
otras, inesperado,
siempre rápido.
Un aleteo,
un parpadear casi inconsciente
e inevitable,
un segundo de mirar hacia otro lado,
y todo se acaba.

LVI

Si el demonio inventó algo
fue,
sin duda,
el tiempo
y nosotros le pusimos arena,
dejamos que se nos escurra,
no hay manera de retenerlo.
Seremos olvido.

LVII

A mi alrededor,
personas maravillosas se duelen
y, aún así,
me dejan dolerme a mí también,
sin prisas,
con paciencia,
sin expectativas
y con un amor desbordante
que me hace llorar
y querer abrazarlas
para no soltarme nunca de ellas.

POEMA FINAL

Te quiero.
No es un poema
y tampoco rima,
pero es igual de inevitable.

Te quiero.
Para siempre,
sin medida,
con locura.

Te quiero,
nunca lo dudes.

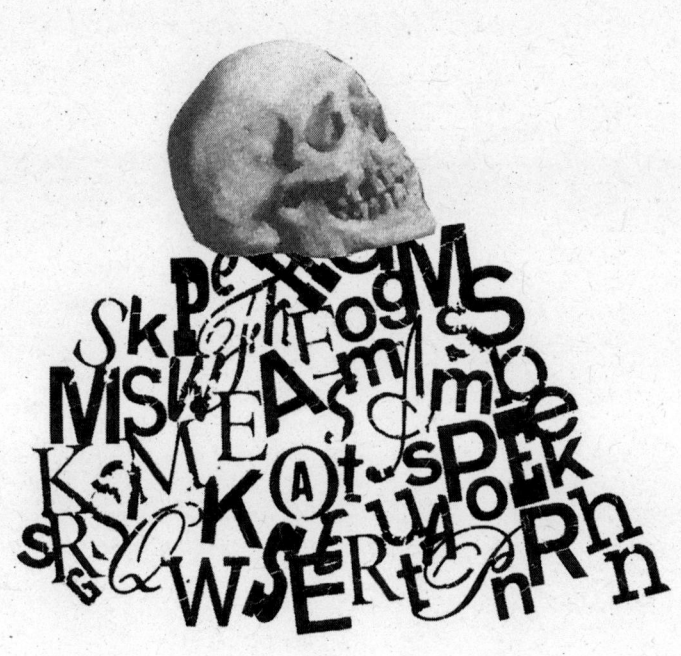

Todo pasa. La vida pasa.

Las últimas veces duelen,
quedan en la memoria para siempre,
resisten al tiempo
y pican más allá de la muerte.

El día que no aparezcas en mis sueños,
será para siempre.
Cuando la ciudad vuelva a ser una
y no haya lugares comunes,
volverá la vida.

Olvidarte es tan triste.

ÍNDICE